AF385332

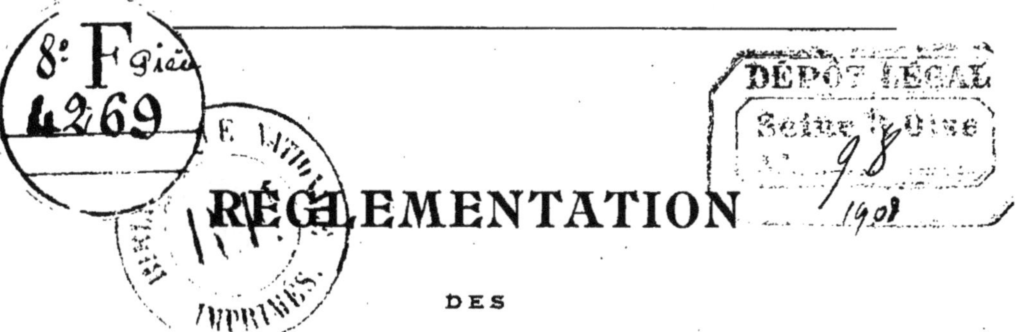

RÉGLEMENTATION

DES

APPAREILS A VAPEUR

LOIS

des 21 Juillet 1856, 18 Avril 1900, 18 Juillet 1892

DÉCRETS

des 1er Février 1893 et 9 Octobre 1907

PARIS

LIBRAIRIE DES SCIENCES POLITIQUES ET SOCIALES

MARCEL RIVIÈRE

30, Rue Jacob

1908

RÉGLEMENTATION DES APPAREILS A VAPEUR

LOI DU 21 JUILLET 1856

Concernant les contraventions aux règlements sur les Appareils et Bateaux à vapeur.

TITRE PREMIER

Des contraventions relatives à la vente des appareils à vapeur

ARTICLE PREMIER. — Est puni d'une amende de cent à mille francs, tout fabricant qui a livré une chaudière fermée, ou toute autre pièce destinée à produire de la vapeur, sans qu'elle ait été soumise aux épreuves exigées par les règlements d'administration publique.

Est puni de la même peine le fabricant qui, après avoir fait dans ses ateliers des changements ou des réparations notables à une chaudière, ou à toute autre pièce destinée à produire de la vapeur, l'a rendue au propriétaire sans qu'elle ait été de nouveau soumise aux dites épreuves.

ART. 2 modifié (*Loi du 18 avril 1900*). — Est puni d'une amende de cinquante à cinq cents francs (50 à 500 fr.) tout fabricant qui a livré un récipient, sans que ledit récipient ait été soumis aux épreuves prescrites par les règlements.

TITRE II

Des contraventions relatives à l'usage des appareils à vapeur établis ailleurs que sur les bateaux

ART. 3 modifié (*Loi du 18 avril 1900*). — Est puni d'une amende de vingt-cinq à cinq cents francs (25 à 500 fr.) quiconque a fait usage d'une chaudière ou d'un récipient à vapeur sur lesquels ne seraient pas appliqués les timbres constatant qu'ils ont été soumis aux épreuves et vérifications prescrites par les règlements d'administration publique.

Est puni de la même peine quiconque, après avoir fait faire à une chaudière ou à un récipient à vapeur des changements ou réparations notables, a fait usage de l'appareil modifié ou réparé sans en avoir donné avis au préfet, ou sans qu'il ait été soumis de nouveau, dans le cas où le préfet l'aurait ordonné, à la pression d'épreuve correspondant au numéro du timbre dont il est frappé.

Art. 4 modifié (*Loi du 18 avril 1900*). — Est puni d'une amende de vingt-cinq à cinq cents francs (25 à 500 fr.) quiconque a fait usage d'une chaudière ou d'un récipient à vapeur sans en avoir fait la déclaration exigée par les règlements d'administration publique.

L'amende est de cent à mille francs (100 à 1.000 fr.), si l'appareil à vapeur dont il a été fait usage sans autorisation n'est pas revêtu des timbres mentionnés en l'article précédent.

Art. 5 abrogé (*Loi du 18 avril 1900*).

Art. 6 modifié (*Loi du 18 avril 1900*). — Quiconque, après avoir fait la déclaration prescrite, fait usage d'une chaudière ou d'un récipient à vapeur sans s'être conformé aux prescriptions des règlements, en ce qui concerne les appareils de sûreté, est puni d'une amende de vingt-cinq à deux cents francs (25 à 200 fr.). Est puni de la même peine quiconque continue à faire usage d'une chaudière ou d'un récipient à vapeur, alors que les appareils de sûreté et les dispositions du local ont cessé de satisfaire aux prescriptions réglementaires.

Art. 7 modifié (*Loi du 18 avril 1900*). — Le chauffeur ou le mécanicien qui a fait fonctionner une chaudière ou un récipient à vapeur à une pression supérieure au degré indiqué sur le timbre, ou qui a surchargé les soupapes d'une chaudière, faussé ou paralysé les autres appareils de sûreté, est puni d'une amende de vingt-cinq à cinq cents francs (25 à 500 fr.) et peut être, en outre, condamné à un emprisonnement de trois jours à un mois.

Le propriétaire, le chef de l'entreprise, le directeur, le gérant ou le préposé par les ordres duquel a eu lieu la contravention prévue au présent article est puni d'une amende de cent à mille francs (100 à 1.000 fr.) et peut être condamné à un emprisonnement de six jours à deux mois.

TITRE III

Des contraventions relatives aux bateaux à vapeur et aux appareils à vapeur placés sur ces bateaux

Art. 8. — Est puni d'une amende de cent à deux mille francs, tout propriétaire ou chef d'entreprise qui a fait naviguer un bateau à vapeur sans un permis de navigation délivré par l'autorité administrative, conformément aux règlements d'administration publique.

Art. 9. — Le propriétaire ou chef d'entreprise qui a continué de faire naviguer un bateau à vapeur dont le permis a été suspendu ou retiré en vertu desdits règlements, encourt une amende de quatre cents à quatre mille francs (400 à 4.000 fr.), et peut être condamné, en outre, à un emprisonnement d'un mois à un an.

Art. 10. — Est puni d'une amende de quatre cents à quatre mille francs (400 à 4.000 fr.) tout propriétaire de bateau à vapeur ou chef d'entreprise qui fait usage d'une chaudière non revêtue des timbres constatant qu'elle a été soumise aux épreuves prescrites par les règlements d'administration publique, ou qui, après avoir fait faire à une chaudière ou partie de chaudière des changements ou réparations notables, a fait usage, hors le cas de force majeure, de la chaudière réparée ou modifiée sans qu'elle ait été soumise à la pression d'épreuve correspondante au numéro du timbre dont elle est frappée.

Art. 11. — Est puni d'une amende de deux cents à quatre mille francs (200 à 4.000 fr.), tout propriétaire de bateau à vapeur ou chef d'entreprise qui, après avoir obtenu un permis de navigation, fait naviguer ce bateau sans se conformer aux prescriptions qui lui ont été imposées en vertu des règlements d'administration publique en ce qui concerne les appareils de sûreté dont les chaudières doivent être pourvues, l'emplacement des chaudières et machines, et les séparations entre cet emplacement et les salles destinées aux passagers.

La même peine est applicable dans le cas où le bateau a continué à naviguer après que les appareils de sûreté ou les dispositions du local ont cessé de satisfaire à ces prescriptions.

Art. 12. — Est puni d'une amende de deux cents à deux mille francs (200 à 2.000 fr.), tout propriétaire de bateau à vapeur ou chef d'entreprise qui a confié la conduite du bateau ou de l'appareil moteur à un capitaine ou à un mécanicien non pourvu des certificats de capacité exigés par les règlements d'administration publique.

Art. 13. — Est puni d'une amende de cinquante à cinq cents francs (50 à 500 fr.), le capitaine d'un bateau à vapeur, si, par suite de sa négligence :

1° La pression de la vapeur dans les chaudières a été portée au-dessus de la limite fixée par le permis de navigation ;

2° Les appareils prescrits, soit pour limiter ou indiquer cette pression, soit pour indiquer le niveau de l'eau dans l'intérieur des chaudières, soit pour alimenter d'eau les chaudières, ont été faussés ou paralysés.

ART. 14. — Est puni d'une amende de cinquante à cinq cents francs (50 à 500 fr.), et, en outre, d'un emprisonnement de trois jours à trois mois, le mécanicien ou chauffeur qui, sans ordre, a surchargé les soupapes, faussé ou paralysé les autres appareils de sûreté.

Lorsque la surcharge des soupapes a eu lieu, hors du cas de force majeure, par l'ordre du capitaine ou du chef de manœuvre qui le remplace, le capitaine ou le chef de manœuvre qui a donné l'ordre est puni d'une amende de deux cents à deux mille francs (200 à 2.000 fr.), et peut être condamné à un emprisonnement de six jours à deux mois.

ART. 15. — Est puni d'une amende de vingt-cinq à deux cent-cinquante francs (25 à 250 fr.), et d'un emprisonnement de trois jours à un mois, le mécanicien d'un bateau à vapeur qui aura laissé descendre l'eau dans la chaudière au niveau des conduits de la flamme et de la fumée.

ART. 16. — Est puni d'une amende de cinquante à cinq cents francs (50 à 500 fr.), le capitaine d'un bateau à vapeur qui a contrevenu aux dispositions des règlements d'administration publique, ou des arrêtés des préfets rendus en vertu de ces règlements, en ce qui concerne :

1° Le nombre des passagers qui peuvent être reçus à bord ;

2° Le nombre et la nature des embarcations, agrès et apparaux dont le bateau doit être pourvu ;

3° Les prescriptions relatives aux embarquements et débarquements, et celles qui ont pour objet d'éviter les accidents au départ, au passage sous les ponts ou à l'arrivée des bateaux, ou de prévenir les abordages.

ART. 17. — Dans le cas où, par inobservation des règlements, le capitaine d'un bateau à vapeur a heurté, endommagé ou mis en péril un autre bateau, il est puni d'une amende de cinquante à cinq cents francs (50 à 500 fr.), et peut être condamné, en outre, à un emprisonnement de six jours à trois mois.

ART. 18. — Le propriétaire du bateau à vapeur, le chef d'entreprise ou le gérant par les ordres de qui a lieu l'un des faits prévus par les articles 13, 14 et 16 de la présente loi, est passible de peines doubles de celles qui, conformément auxdits articles, seront appliquées à l'auteur de la contravention.

TITRE IV

Dispositions générales

Art. 19. — En cas de récidive, l'amende et la durée de l'emprisonnement peuvent être élevées au double du maximum porté dans les articles précédents.

Il y a récidive lorsque le contrevenant a subi, dans les douze mois qui précèdent, une condamnation en vertu de la présente loi.

Art. 20. — Si les contraventions prévues dans les titres II et III de la présente loi ont occasionné des blessures, la peine sera de huit jours à six mois d'emprisonnement et l'amende de cinquante à mille francs (50 à 1.000 fr.); si elles ont occasionné la mort d'une ou plusieurs personnes, l'emprisonnement sera de six mois à cinq ans, et l'amende de trois cents à trois mille francs (300 à 3.000 fr.).

Art. 21. — Les contraventions prévues par la présente loi sont constatées par les ingénieurs des mines, les ingénieurs des ponts et chaussées, les gardes-mines, les conducteurs et autres employés des ponts et chaussées et des mines, commissionnés à cet effet, les maires et adjoints, les commissaires de police, et, en outre, pour les bateaux à vapeur, les officiers de port, les inspecteurs et gardes de la navigation, les membres des commissions de surveillance instituées en exécution des règlements, et les hommes de l'art qui, dans les ports étrangers, auront, en vertu de l'article 49 de l'ordonnance du 17 janvier 1846, été chargés par les consuls ou agents consulaires français, de procéder aux visites des bateaux à vapeur.

Art. 22. — Les procès-verbaux dressés en exécution de l'article précédent sont visés pour timbre et enregistrés en débet.

Ceux qui ont été dressés par des agents de surveillance et gardes assermentés doivent, à peine de nullité, être affirmés dans les trois jours devant le juge de paix ou le maire, soit du lieu du délit, soit de la résidence de l'agent.

Lesdits procès-verbaux font foi jusqu'à preuve contraire.

Les procès-verbaux qui ont été dressés dans les ports étrangers, par les hommes de l'art désignés en l'article 21 ci-dessus, sont enregistrés à la chancellerie du consulat et envoyés en originaux au ministre de l'agriculture, du commerce et des travaux publics, afin que les poursuites soient exercées devant les tribunaux compétents.

Art. 23. — L'article 463 du Code pénal est applicable aux condamnations prononcées en exécution de la présente loi.

*

LOI DU 18 AVRIL 1900

Concernant les contraventions aux Règlements sur les Appareils à pression de vapeur ou de gaz et sur les Bateaux à bord desquels il en est fait usage.

Le Sénat et la Chambre des députés ont adopté,

Le Président de la République promulgue la loi dont la teneur suit :

Article premier. — L'article 5 de la loi du 21 juillet 1856, concernant les contraventions aux règlements sur les appareils et bateaux à vapeur, est abrogé.

Les articles 2, 3, 4, 6 et 7 de la même loi sont remplacés par les dispositions suivantes (1) :

. . . .

. . . .

Art. 2. — Les contraventions aux règlements sur la police des appareils et bateaux à vapeur, autres que celles qui sont frappées de peines spéciales par la loi du 21 juillet 1856, sont punies d'une amende de seize à cent francs (16 à 100 fr.).

Les peines édictées par l'article 20 de la loi du 21 juillet 1856 sont applicables si les contraventions prévues au paragraphe précédent ont occasionné des blessures ou la mort d'une ou de plusieurs personnes.

Art. 3. — Le tribunal peut, en cas de récidive, indépendamment de l'élévation de peine prévue par l'article 19 de la loi du 21 juillet 1856, ordonner, aux frais du contrevenant, l'affichage du jugement et des insertions dans les journaux.

Art. 4. — Sont constatées et réprimées, conformément à la loi du 21 juillet 1856 modifiée par les dispositions qui précèdent, les contraventions aux règlements sur les appareils à pression de gaz et sur les bateaux à bord desquels il en est fait usage.

Art. 5. — L'article 463 du Code pénal est applicable aux condamnations prononcées en vertu de la présente loi.

La présente loi, délibérée et adoptée par le Sénat et par la Chambre des députés, sera exécutée comme loi de l'État.

---

(1) Voir pages 3, 4 et 5.

LOI DU 18 JUILLET 1892

*Relative aux Contributions directes et aux taxes
y assimilées de l'Exercice 1893.*

. . . .

. . . .

Art. 6. — A partir du 1ᵉʳ janvier 1893, les épreuves, exigées par les règlements, des appareils à vapeur autres que ceux situés dans l'enceinte des chemins de fer d'intérêt général, donneront lieu à la perception, pour chaque épreuve, d'un droit de dix francs (10 fr.) par chaudière ou de cinq francs (5 fr.) par récipient de vapeur. Ce droit sera dû par la personne qui aura demandé l'épreuve ou à qui l'épreuve aura été imposée par application des règlements.

Il sera ajouté au montant du droit d'épreuve : 1° cinq centimes (0 fr. 05) par franc pour fonds de non-valeurs ; 2° trois centimes (0 fr. 03) par franc pour frais de perception.

Art. 7. — Les droits fixés par l'article précédent seront recouvrés comme en matière de contributions directes.

Ils seront perçus au moyen de rôles dressés à la fin de chaque trimestre par le directeur des contributions directes, au vu d'états-matrices établis par l'ingénieur des mines ou par le président de la commission de surveillance des bateaux à vapeur, et arrêtés par le préfet ; le montant en sera exigible en une seule fois dans les quinze jours de la publication du rôle.

Il sera délivré des avertissements aux redevables à raison de cinq centimes (0 fr. 05) par article.

Les réclamations seront jugées comme en matière de contributions directes.

. . . .

. . . .

DÉCRET DU 1er FÉVRIER 1893

Portant Règlement d'administration publique relatif
aux Appareils à vapeur
des Bateaux naviguant dans les eaux maritimes.

Article premier. — Sont assujettis aux dispositions du présent décret les bateaux français à bord desquels se trouvent des appareils à vapeur et qui naviguent sur mer, sur les étangs d'eau salée et dans la partie maritime des fleuves, en aval d'une limite déterminée, pour chaque fleuve, par décret rendu, après enquête, sur le rapport du ministre des travaux publics et du ministre de la marine.

TITRE PREMIER
Des permis de navigation

SECTION Ire

FORMALITÉS PRÉLIMINAIRES

Art. 2. — Aucun bateau à vapeur ne peut être mis en service sans un permis de navigation délivré après vérification de l'état des générateurs de vapeur et de l'appareil moteur, sans préjudice de l'exécution des conditions imposées à tous les navires de commerce français, tant par le Code de commerce que par les lois et règlements sur la navigation.

Toute demande en permis de navigation est adressée par le propriétaire du bateau au préfet du département où se trouve le port d'armement de ce bateau.

Art. 3. — Dans sa demande, le propriétaire fait connaître :

1º Le nom du bateau, son port d'armement et son port d'attache ;

2º Ses principales dimensions, son tirant d'eau, lège et au maximum de charge, et le déplacement qui ne doit pas être dépassé, exprimé en tonneaux de mille kilogrammes (1.000 kil.) ;

3º Les hauteurs de la ligne de flottaison, correspondant au déplacement maximum, rapportées à des points de repère invariablement établis au-dessus de cette flottaison, à l'avant, à l'arrière et au milieu du bateau ;

4° Le service auquel le bateau est destiné (transport des passagers ou marchandises, remorquage, etc.) et le genre de navigation qu'il est appelé à desservir (long cours, cabotage, bornage, etc.);

5° Le nombre maximum des passagers qui pourront être reçus dans le bateau;

6° Le nom et le domicile du vendeur des chaudières, ou l'origine de ces appareils, la nature des matériaux employés pour la construction de leurs diverses parties;

7° Les surfaces de grille et de chauffe et la capacité des chaudières, ainsi que les volumes d'eau et de vapeur dont la somme forme cette capacité;

8° Le numéro du timbre exprimant, en kilogrammes par centimètre carré, la pression effective maximum sous laquelle ces appareils doivent fonctionner;

9° Un numéro d'ordre distinctif par chaque chaudière, si le bateau en porte plusieurs;

10° Le nombre et la définition des soupapes de sûreté;

11° Le système des machines et leur puissance en chevaux de soixante-quinze kilogrammètres par seconde, indiqués sur les pistons;

12° Les dispositions générales de l'appareil moteur;

13° S'il y a lieu, le nombre, la capacité et le timbre des récipients de vapeur placés à bord.

Cette demande est accompagnée d'un dessin détaillé et coté des chaudières et des soupapes de sûreté et d'un plan d'ensemble du bateau, figurant les soutes à marchandises et à charbon, avec indication de leur capacité, et les aménagements affectés aux passagers.

Elle est envoyée par le préfet à la commission de surveillance compétente, conformément à l'article 35 du présent décret.

SECTION II

DES VISITES ET DES ESSAIS DES BATEAUX A VAPEUR

Art. 4. — La commission de surveillance visite le bateau à vapeur à l'effet de s'assurer :

1° Si les chaudières et les récipients ont été soumis aux épreuves voulues, et si ces appareils sont pourvus des moyens de sûreté prescrits par le présent décret;

2° Si les chaudières, à raison de leur forme, du mode de jonction de leurs diverses parties, de la nature des matériaux employés ou autres conditions de leur construction, ne présentent aucune cause particulière de danger ;

3° Si l'on a pris toutes les précautions nécessaires, d'une part, pour prévenir les chances d'incendie, et, d'autre part, dans le cas spécial où le bateau serait destiné à un service de passagers, pour éviter tous autres accidents qui pourraient être causés par l'appareil moteur.

Art. 5. — Indépendamment de la visite, la commission assiste à un essai dont elle trace le programme en se conformant aux conditions qui seront définies par une instruction ministérielle ; elle en constate les résultats et détermine notamment la puissance des machines motrices.

Le propriétaire fournit le personnel et le matériel nécessaires pour cet essai et en supporte tous les frais.

Art. 6. — La commission dresse un procès-verbal de ses opérations et l'envoie immédiatement au préfet du département, avec ses propositions motivées concluant à la délivrance, à l'ajournement ou au refus du permis.

SECTION III

DÉLIVRANCE DES PERMIS DE NAVIGATION

Art. 7. — Sur le vu de ce procès-verbal, et dans un délai maximum de huit jours à dater de sa remise, le préfet statue, s'il adopte l'avis de la commission. Lorsque cet avis est favorable, il délivre le permis de navigation ; lorsque l'avis est défavorable, il notifie au demandeur une décision motivée portant refus ou ajournement, sauf recours devant le ministre des travaux publics.

Si le préfet n'adopte pas l'avis de la commission, il défère la décision au ministre des travaux publics dans le même délai de huit jours et en informe le demandeur.

Le ministre saisi de la question, soit par le préfet en cas de désaccord entre celui-ci et la commission, soit par le demandeur formant recours contre la décision du préfet, statue après avoir pris l'avis de la commission centrale des machines à vapeur.

Art. 8. — Dans le permis de navigation sont énoncés :

1° Les déclarations faites par le propriétaire, conformément aux cinq premiers paragraphes de l'article 3 ci-dessus ;

2° Les surfaces de grille et de chauffe et la capacité des chaudières, ainsi que les volumes d'eau et de vapeur dont la somme forme cette capacité ;

3° Le numéro du timbre exprimant, en kilogrammes par centimètre carré, la pression effective maximum sous laquelle ces appareils doivent fonctionner ;

4° Le nombre et la définition des soupapes de sûreté, ainsi que les conditions auxquelles elles doivent satisfaire, conformément à l'article 18 ;

5° Le système des machines et leur puissance en chevaux de soixante-quinze kilogrammètres par seconde, indiquée sur le piston, telle qu'elle résulte de l'essai prévu à l'article 5 ;

6° S'il y a lieu, le nombre, la capacité et le timbre des récipients de vapeur placés à bord.

Art. 9. — Le permis de navigation cesse d'être valable et doit être renouvelé, soit en cas de changement de nature à faire modifier les énonciations mentionnées à l'article 8, soit en cas d'inobservation, par le fait du propriétaire, des prescriptions des articles 13 et 37 ci-après. Le renouvellement du permis a lieu dans les mêmes formes que sa délivrance ; toutefois, l'essai prévu à l'article 5 ci-dessus pourra ne pas être renouvelé.

Art. 10. — Le permis de navigation peut être suspendu ou révoqué par le préfet, dans les cas prévus par l'article 39.

Art. 11. — Si le bateau a été construit et mis en état de naviguer ailleurs que dans son port d'armement, le propriétaire doit obtenir du préfet du département une autorisation provisoire de navigation pour faire arriver le bateau au port d'armement. La commission de surveillance compétente, aux termes soit du présent décret, soit du décret du 9 avril 1883, est consultée sur la demande.

Cette autorisation provisoire ne dispense pas le propriétaire du bateau de l'obligation d'obtenir un permis définitif dans le port d'armement.

TITRE II

Épreuves et mesures de sûreté relatives aux appareils à vapeur

SECTION PREMIÈRE

ÉPREUVES DES CHAUDIÈRES A VAPEUR

Art. 12. — Aucune chaudière à vapeur ne peut être mise en service si elle n'a subi la double épreuve ci-après :

L'une chez le constructeur, par le service de la surveillance des appareils à vapeur du département ;

L'autre à bord, par les soins de la Commission de surveillance, après que la chaudière a été entièrement montée et munie de tous ses accessoires.

Toute chaudière de l'étranger est éprouvée en France par la commission de surveillance, avant et après sa mise à bord. Toutefois, si la mise à bord a lieu à l'étranger, la double épreuve est faite dans les conditions prévues à l'article 43 ci-après.

Art. 13. — L'épreuve est renouvelée périodiquement, de manière que l'intervalle entre deux épreuves consécutives ne soit pas supérieur à une année.

Avant l'expiration de ce délai, le propriétaire doit lui-même demander l'épreuve.

Elle est renouvelée également :

1° Lorsque la chaudière ou une partie de la chaudière a subi des changements ou des réparations notables ;

2° Lorsque, par suite d'une nouvelle installation, d'un chômage prolongé ou d'un incident quelconque, il y a lieu d'en suspecter la solidité.

Le propriétaire est tenu d'aviser le préfet de toute circonstance de nature à motiver une épreuve exceptionnelle. La commission peut, au besoin, en provoquer une d'office. Dans l'un et l'autre cas, le préfet statue sur les propositions de la commission de surveillance, le propriétaire entendu, sauf recours au ministre.

Le renouvellement a lieu par les soins de la commission de surveillance, dans le port de laquelle la nécessité en a été constatée.

Art. 14. — L'épreuve consiste à soumettre les chaudières à une pression hydraulique supérieure à celle qui ne doit pas être dépassée dans le service.

Pour les chaudières neuves, remises à neuf ou refondues, la surcharge d'épreuve est égale à la pression effective indiquée par le timbre, sans jamais être inférieure à un demi-kilogramme (0 k. 500), ni supérieure à 6 kilogrammes (6 k.).

Dans les autres cas prévus par l'article 13, la surcharge d'épreuve est égale à la moitié de la pression effective indiquée par le timbre, sans jamais être inférieure à un quart de kilogramme (0 k. 25), ni supérieure à trois kilogrammes (3 k.).

Art. 15. — La pression d'épreuve est maintenue pendant le

temps nécessaire à l'examen de la chaudière, dont toutes les parties doivent être visitées.

Le propriétaire fournit le personnel et le matériel nécessaires pour l'épreuve et en supporte tous les frais.

Art. 16. — Après qu'une chaudière ou partie de chaudière a été éprouvée avec succès, il y est apposé un timbre indiquant d'une manière très apparente, en kilogrammes par centimètre carré, la pression effective que la vapeur ne doit pas dépasser.

Les timbres sont poinçonnés par l'agent chargé de procéder à l'épreuve et reçoivent, par ses soins, trois nombres indiquant le jour, le mois et l'année de l'épreuve.

Art. 17. — L'épreuve n'est pas exigée pour l'ensemble d'une chaudière dont les diverses parties, éprouvées séparément, ne doivent être réunies que par des tuyaux placés, sur tout leur parcours, en dehors du foyer et des conduits de flamme, et dont les joints peuvent être facilement démontés.

Pour les chaudières qui ne doivent pas être soumises au chauffage à feu nu, les conditions des épreuves sont déterminées par l'article 24 ci-après.

SECTION II

DES APPAREILS DE SURETÉ DONT LES CHAUDIÈRES A VAPEUR DOIVENT ÊTRE MUNIES

§ 1er. — *Des soupapes de sûreté*

Art. 18. — Chaque chaudière est munie de deux soupapes de sûreté, convenablement installées, chargées de manière à laisser la vapeur s'écouler dès que sa pression atteint la limite maximum indiquée par le timbre dont il est fait mention à l'article 16.

Chacune des soupapes doit suffire pour évacuer à elle seule toute la vapeur produite, quelle que soit l'activité du feu, sans que la pression effective dépasse de plus d'un dixième la limite ci-dessus.

L'une de ces soupapes peut être remplacée par une soupape avertisseuse de vingt millimètres (0 m. 020) environ de diamètre, chargée par un poids, placée bien en vue et laissant échapper sa vapeur directement dans la chaufferie dès que la pression de la vapeur dépasse d'un vingtième la même limite.

§ 2. — *Des manomètres.*

Art. 19. — Chaque chaudière est munie d'un manomètre en bon état, convenablement installé, placé en vue du chauffeur et gradué de manière à indiquer, en kilogrammes, la pression effective de la vapeur dans la chaudière ; ce manomètre doit être convenablement éclairé en tout temps.

Une marque très apparente sur l'échelle du manomètre indique la limite que la pression ne doit pas dépasser.

Les chaudières qui ont des foyers sur plusieurs façades doivent être pourvues d'un manomètre sur chacune d'elles.

La chaudière est munie, en outre, d'un ajutage terminé par une bride de quatre centimètres (0 m. 04) de diamètre et de cinq millimètres (0 m. 005) d'épaisseur, disposée pour recevoir le manomètre vérificateur.

Il doit toujours y avoir à bord un manomètre de rechange.

§ 3. — *De l'alimentation et des indicateurs du niveau de l'eau*

Art. 20. — Toute chaudière est en communication avec deux appareils d'alimentation convenablement installés, chacun de ces appareils devant pouvoir suffire aux besoins de la chaudière dans toutes les circonstances ; l'un d'eux, au moins, doit fonctionner par des moyens indépendants de la machine motrice du bateau.

Chaque chaudière est munie d'un appareil de retenue, soupape ou clapet, fonctionnant automatiquement, et placé à l'insertion de chaque tuyau d'alimentation.

Lorsque plusieurs corps de chaudière sont en communication, l'appareil de retenue est obligatoire pour chacun d'eux.

Art. 21. — Chaque corps de chaudière est muni d'un appareil d'arrêt de vapeur (soupape, valve, robinet, etc.), placé autant que possible à l'origine du tuyau de conduite de vapeur, sur la chaudière même.

Art. 22. — Toute paroi de chaudière en contact, par une de ses faces, avec la flamme, doit être baignée par l'eau sur la face opposée.

Le plan d'eau doit être maintenu à un niveau de marche tel qu'il soit à une hauteur moyenne de quinze centimètres (0 m. 15) au moins au-dessus du point pour lequel la condition précédente cesserait d'être satisfaite dans la position normale du navire. Cette hauteur peut toutefois être réduite jusqu'à dix centimètres (0 m. 10) pour les chaudières de petite dimension, sur l'avis de la Commission de surveillance. Le niveau ainsi déterminé est indiqué d'une manière très apparente au voisinage du tube de niveau mentionné à l'article 23 ci-après.

Les prescriptions énoncées au paragraphe précédent du présent article ne s'appliquent point :

1° Aux surchauffeurs de vapeur distincts de la chaudière ;

2° A des surfaces relativement peu étendues et placées de manière à ne jamais rougir, même lorsque le feu est poussé à son maximum d'activité, telles que les tubes ou parties de cheminées qui traversent le réservoir de vapeur en envoyant directement à la cheminée principale les produits de la combustion ;

3° Aux générateurs dits *à petits éléments* ;

4° Aux générateurs dits *à production de vapeur instantanée*.

Art. 23. — Chaque chaudière est munie de deux appareils indicateurs du niveau de l'eau, convenablement disposés, indépendants l'un de l'autre, placés en vue de l'agent chargé de l'alimentation et suffisamment espacés.

L'un de ces deux indicateurs est un tube de verre ou autre appareil à paroi transparente, laissant voir le niveau de l'eau et disposé de manière à pouvoir être facilement nettoyé ; cet indicateur doit être convenablement éclairé en tout temps.

L'autre est un système de trois robinets étagés, ou de deux seulement pour les petites chaudières.

Les chaudières qui ont des foyers sur plusieurs façades doivent être pourvues, sur chacune de celles-ci, des appareils indicateurs du niveau de l'eau.

Il y a, sur chaque bateau à vapeur, les pièces de rechange nécessaires pour l'entretien de ces appareils.

SECTION III

DES RÉCIPIENTS PLACÉS A BORD DES BATEAUX

Art. 24. — Sont soumis aux épreuves, conformément aux articles 12, 13, 14, 15 et 16, les récipients, de formes diverses, d'une capacité de plus de cent litres, qui reçoivent de la vapeur empruntée à un générateur distinct, lorsque leur communication avec l'atmosphère n'est point établie par des moyens excluant toute pression effective notable.

Toutefois, la surcharge d'épreuve est égale à la moitié de la pression maximum à laquelle l'appareil doit fonctionner, sans que cette surcharge puisse excéder quatre kilogrammes (4 k.) par centimètre carré.

Sont assimilés aux récipients les chaudières dans lesquelles la vaporisation est obtenue, non par le chauffage à feu nu, mais au moyen de réactions chimiques ou d'autres sources de chaleur ne produisant jamais que des températures modérées, ainsi que les réservoirs dans lesquels de l'eau à haute température est emmagasinée, à l'effet de fournir ensuite un dégagement de vapeur ou de chaleur, quel qu'en soit l'usage.

Art. 25. — Les récipients sont munis d'une soupape dè sûreté réglée pour la pression indiquée par le timbre, à moins que cette pression ne soit égale ou supérieure à celle fixée pour le générateur qui l'alimente.

Cette soupape doit suffire à maintenir, pour tous les cas, la vapeur dans le récipient à un degré de pression qui n'excède pas de plus d'un dixième la limite du timbre.

Elle peut être placée, soit sur le récipient lui-même, soit sur le tuyau d'arrivée de la vapeur, entre le robinet et le récipient.

TITRE III

De l'installation et du service des bateaux à vapeur. |Dispositions relatives aux passagers

Art. 26. — Les soutes à charbon doivent être convenablement isolées des chaudières. Elles sont munies de tuyaux permettant d'y injecter de la vapeur, à moins que le préfet, sur l'avis de la Commission de surveillance, ne décide que cette précaution n'est pas nécessaire.

Des précautions doivent être prises pour mettre les personnes à l'abri des accidents auxquels pourrait les exposer l'approche des parties mobiles.

Les locaux de l'appareil moteur et de toute chaudière à feu doivent être isolés par des cloisons solidement construites en tôle, ou revêtus intérieurement de feuilles de tôle d'un millimètre d'épaisseur, au moins, et soigneusement assemblées.

Le plancher et les parois intérieures de la forge doivent également être revêtus en tôle.

Toutes les ouvertures pratiquées au-dessus des machines et des chaudières sont munies d'un grillage métallique, si elles ne sont pas habituellement fermées par un panneau plein.

Art. 27. — La ligne de flottaison, correspondant au déplacement qui ne doit pas être dépassé, est indiquée, d'une manière très apparente, au milieu de chaque bord du bateau, d'après les points de repère mentionnés sur le permis de navigation.

Art. 28. — Il y a, à bord de chaque bateau à vapeur, un chef mécanicien chargé de la direction et de la conduite des appareils à vapeur, sous l'autorité du capitaine.

Il y a, en outre, autant de mécaniciens auxiliaires, de graisseurs et de chauffeurs que le service des appareils l'exige.

Sur tous les bateaux naviguant au long cours et sur ceux naviguant au cabotage, dont la machine a une puissance d'au moins trois cents chevaux de soixante-quinze kilogrammètres par seconde indiqués sur le piston, les fonctions de chef mécanicien ne peuvent être remplies que par un mécanicien de 1re classe ; sur les bateaux naviguant au long cours, il y a au moins un autre mécanicien de 1re ou de 2e classe.

Sur les bateaux naviguant au cabotage dont la machine est de moins de trois cents chevaux et sur ceux naviguant au bornage, les fonctions de chef mécanicien peuvent être remplies par un mécanicien de 2e classe.

Art. 29. — Les conditions nécessaires pour obtenir le brevet de mécanicien de 1re ou de 2e classe sont déterminées par des arrêtés pris par le ministre des travaux publics, après avis du ministre de la marine.

Art. 30. — Il est tenu, par les soins du chef mécanicien, un journal où sont relatés tous les faits concernant le fonctionnement et l'entretien des appareils à vapeur. Ce journal, coté et parafé par le commissaire de l'inscription maritime, est visé chaque jour par le capitaine, qui peut y consigner ses observations.

Art. 31. — Le capitaine inscrit sur le journal de bord les circonstances relatives à l'appareil moteur qui sont dignes de remarque. Il y mentionne les avaries et les réparations notables.

Art. 32. — Il est interdit à toute personne étrangère au service de s'introduire, sans permission spéciale, dans la chambre des machines ou dans la chambre de chauffe.

Art. 33. — Il est tenu, dans chaque bateau à vapeur, un registre coté et parafé par le commissaire de l'inscription maritime. Ce registre est destiné à recevoir les réclamations des passagers qui auraient des plaintes ou des observations à formuler. Il est présenté à toute réquisition des passagers.

Le capitaine peut également y consigner les observations qu'il jugerait convenables, ainsi que les faits qu'il lui paraîtrait important de faire attester par les passagers.

Les différentes autorités que l'article 40 ci-après charge de la surveillance des bateaux à vapeur ont le droit de se faire communiquer ce registre à toute réquisition.

ART. 34. — Dans les salles où se tiennent les passagers, un extrait du présent décret est affiché en un lieu très apparent, avec l'indication de la faculté qu'ont les passagers de consigner leurs plaintes et leurs observations sur le registre ouvert à cet effet.

TITRE IV

De la surveillance administrative des appareils à vapeur placés à bord des bateaux

ART. 35. — Dans chaque port fréquenté par des bateaux à vapeur, le ministre des travaux publics institue une commission de surveillance dont il nomme les membres, sur les propositions que le préfet lui adresse, après avoir pris l'avis de l'ingénieur en chef du port.

Cette commission est présidée par l'ingénieur en chef du port ; ses membres sont choisis parmi les ingénieurs des ponts et chaussées et des mines, les officiers de marine, les officiers du génie maritime, les officiers mécaniciens de la flotte, les commissaires de l'inscription maritime, les officiers ou maîtres de port et autres personnes recommandées par leur compétence.

Les ingénieurs des ponts et chaussées chargés du service du port, le directeur des mouvements du port, le commissaire ou le préposé à l'inscription maritime, l'un des officiers ou maîtres de port, ainsi qu'un ingénieur des mines et un officier du génie maritime, s'il en est qui résident dans le port, font nécessairement partie de la commission. Les fonctions de secrétaire sont remplies par l'ingénieur ordinaire chargé de l'exploitation du port.

Dans chaque commission, le président a voix prépondérante en cas de partage.

Le ministre des travaux publics peut, lorsqu'il le juge nécessaire, adjoindre à la commission de surveillance un ou plusieurs agents rétribués, chargés de l'assister dans ses travaux.

Il peut étendre la surveillance d'une commission, en dehors du port où elle est instituée, sur une étendue de côte ou de rivière déterminée.

ART. 36. — Les commissions de surveillance ont mission de

faire à bord des bateaux à vapeur, avant et après leur mise en service, toutes visites, épreuves et essais, à l'effet de s'assurer qu'à toute époque les appareils à vapeur placés à bord des bateaux satisfont aux prescriptions réglementaires.

Elles sont consultées par les préfets, qui demeurent chargés, sous l'autorité du ministre des travaux publics, de prendre toutes les mesures que comporte l'exécution du présent décret.

Leur action s'étend sur tous les bateax à vapeur présents dans leur port.

Les commissions de surveillance peuvent déléguer un ou plusieurs de leurs membres pour faire des visites individuelles.

En cas d'urgence, le président de chaque commission de surveillance prend, à titre provisoire, telles mesures que de droit, sous réserve de la décision définitive à prendre par le préfet ; il rend immédiatement compte au préfet des mesures ainsi prises, en même temps qu'il lui communique l'avis de la commission.

Art. 37. — Tout propriétaire de bateau à vapeur doit provoquer la visite de son bateau, par la commission de surveillance, au moins une fois par an. A cet effet, quinze jours avant l'expiration d'une année, à compter de la dernière visite, il est tenu d'adresser au préfet du département dans lequel doit avoir lieu la visite une demande indiquant le jour à partir duquel le bateau sera mis à la disposition de la commission de surveillance.

Le préfet délivre immédiatement récépissé de cette demande.

Art. 38. — Les visites, ainsi que les renouvellements d'épreuve, effectués conformément au titre II, sont mentionnés, à leur date, par la commission elle-même, sur le permis de navigation dont le capitaine doit toujours être muni.

Ce permis est communiqué à toute réquisition des fonctionnaires et agents préposés à la surveillance, ainsi que le journal de bord et le journal prévu à l'article 30.

La commission adresse au préfet le procès-verbal de chacune de ses visites.

Dans ce procès-verbal, elle consigne ses propositions sur les mesures à prendre, si l'appareil moteur ou le bateau ne présente plus des garanties suffisantes de sécurité.

Art. 39. — Sur les propositions de la commission de surveillance, le préfet ordonne les mesures nécessaires et peut suspendre le permis de navigation jusqu'à l'entière exécution de ces mesures.

Il peut également suspendre et, au besoin, révoquer le permis de navigation dans tous les cas où, par suite soit d'avaries, soit d'inexécution du présent décret, la sûreté publique serait compromise.

En cas de révocation, il rend immédiatement compte au ministre de sa décision.

Le propriétaire peut, en tout cas, déférer la décision du préfet au ministre des travaux publics, qui statue après avoir pris l'avis de la commission centrale des machines à vapeur.

ART. 40. — La surveillance permanente des bateaux à vapeur, en ce qui concerne les mesures prescrites par le présent décret, est exercée par les autorités désignées à l'article 21 de la loi du 21 juillet 1856, c'est-à-dire par les ingénieurs des mines, les ingénieurs des ponts et chaussées, les contrôleurs des mines, les conducteurs et autres employés des ponts et chaussées et des mines commissionnés à cet effet, les maires et adjoints, les commissaires de police, les officiers et maîtres de port, les membres des commissions de surveillance et, dans les ports étrangers, les hommes de l'art qui sont désignés par les consuls, en vertu de l'article 43 ci-après.

ART. 41. — Lorsqu'il survient aux appareils à vapeur d'un bateau un accident de nature à compromettre la sécurité, le propriétaire ou, à son défaut, le capitaine, doit immédiatement ou dès l'arrivée du bateau dans un port français, en donner avis au président de la commission de surveillance et, s'il y a eu mort d'homme ou blessure, au préfet et à l'autorité chargée de la police locale. La commission ou son délégué se rend sur les lieux dans le plus bref délai possible pour visiter les appareils, en constater l'état et rechercher les causes de l'accident. Elle dresse de sa visite un rapport qui est transmis au préfet et, en cas d'accident ayant occasionné la mort ou des blessures, au procureur de la République.

En cas d'explosion dans le port, les bateaux ne doivent point être réparés, à moins que la sûreté publique ne soit en jeu, et les fragments de l'appareil rompu ne doivent point être déplacés ou dénaturés avant la constatation de l'état des lieux par la commission de surveillance.

ART. 42. — Dans les ports des colonies françaises, les commissions de surveillance sont nommées par le gouverneur ou le commandant de la colonie.

ART. 43. — La surveillance prescrite par les articles ci-dessus est exercée, dans les ports étrangers, par les soins des consuls et agents consulaires français, assistés de tels hommes de l'art qu'ils jugent à propos de désigner. Le capitaine doit représenter au consul, en même temps qu'il lui fait le rapport exigé par l'article 244 du Code de commerce, le permis de navigation qui lui a été délivré.

Les hommes de l'art qui sont chargés, dans les ports étrangers, de procéder aux visites et aux vérifications prescrites par le présent décret reçoivent des frais de vacation qui sont réglés par le consul et payés par le capitaine.

TITRE V

Dispositions générales

Art. 44. — Les conditions prescrites par le présent décret sont applicables aux chaudières servant, à bord des bateaux à vapeur, à tout autre usage que la propulsion.

Art. 45. — Les chaudières placées à bord des bateaux à voiles, pontons, dragues, chalands, etc., ne peuvent être mises en service sans une autorisation délivrée par le préfet, sur l'avis de la commission de surveillance des bateaux à vapeur.

Elles sont soumises aux épreuves et autres mesures de sécurité prescrites par le titre II du présent décret ; elles peuvent toutefois n'avoir qu'un appareil d'alimentation.

Les articles 24 et 25 s'appliquent aux récipients placés à bord des bateaux à voiles, pontons, dragues, chalands, etc.

Art. 46. — Le ministre des travaux publics peut, par décisions spéciales rendues après avis de la commission de surveillance et de la commission centrale des machines à vapeur, accorder dispense de tout ou partie des prescriptions du présent décret relatives aux appareils à vapeur placés à bord des bateaux, dans tous les cas où, à raison soit de la forme, soit de la faible dimension des appareils, soit de la disposition spéciale des pièces contenant de la vapeur, il serait reconnu que la dispense ne peut pas avoir d'inconvénients.

Il peut également, et dans les mêmes formes, accorder dispense de celles des dispositions du titre III qui ne seraient pas en rapport avec la nature du service auquel le bateau est affecté.

Art. 47. — Les bateaux acquis ou construits hors de France sont soumis, après leur francisation, à toutes les dispositions du présent décret. Toutefois, le ministre des travaux publics peut, sur l'avis de la commission de surveillance et de la commission centrale des machines à vapeur, prononcer, par arrêté, l'équivalence entre les formalités accomplies à l'étranger et les formalités prescrites par le présent décret.

Art. 48. — Les propriétaires ou armateurs veillent à ce que les appareils moteurs, y compris les propulseurs et les appareils à vapeur accessoires, soient entretenus constamment en bon état de service.

Ils tiennent la main, notamment, à ce que des visites complètes, tant à l'intérieur qu'à l'extérieur, faites à des intervalles assez rapprochés, assurent la constatation de l'état des chaudières et l'exécution, en temps utile, des réparations nécessaires. Une de ces visites, au moins, devra être faite, chaque année, dans l'intervalle des épreuves prescrites par les articles 12 et 13; la commission de surveillance en sera préalalablement informée. Le capitaine mentionnera chacune de ces visites sur le journal de bord.

Art. 49. — Les bateaux appartenant aux divers services de l'État ou ceux qui seraient affrétés par le département de la marine ne sont pas soumis aux dispositions du présent décret.

Le ministre de la marine pourra, après accord avec le ministre des travaux publics, soumettre à une surveillance spéciale les appareils à vapeur employés à bord des bateaux de pêche à voiles pour la manœuvre des engins de pêche, et, dans ce cas, ces appareils cesseront d'être soumis aux dispositions du présent décret.

Art. 50. — Le ministre des travaux publics pourra appliquer, en tout ou en partie, les dispositions du présent décret aux navires des pays étrangers dans lesquels les navires français à vapeur seraient soumis à une réglementation sur la matière.

Art. 51. — Les bateaux naviguant à la fois en aval et en amont de la limite où cesse, pour chaque fleuve, l'application du présent décret, sont assujettis en outre aux prescriptions du décret du 9 avril 1883 relatif à la navigation fluviale.

Art. 52. — L'ordonnance royale du 17 janvier 1846, relative aux bateaux à vapeur qui naviguent sur mer, est rapportée.

Art. 53. — Le ministre des travaux publics et le ministre de la marine sont chargés de l'exécution du présent décret, qui sera inséré au *Bulletin des lois.*

Ministère des travaux publics, des postes et des télégraphes

RAPPORT

AU PRÉSIDENT DE LA RÉPUBLIQUE FRANÇAISE

Paris, le 7 octobre 1907.

Monsieur le Président,

Les décrets du 30 avril 1880 et du 29 juin 1886, qui régissent depuis plus de vingt-cinq ans l'emploi des générateurs et des récipients de vapeur, ont été inspirés du même esprit qui animait déjà le précédent règlement du 25 janvier 1865 : on s'est efforcé de concilier, autant que possible, les nécessités de la sécurité publique avec les exigences de l'industrie.

Les efforts de l'administration n'ont pas été vains, car, si l'on compare la statistique des appareils à vapeur en activité et des accidents qui ont affecté ces appareils, respectivement pour les deux périodes quinquennales 1881-85 et 1899-1903, on voit l'effectif des appareils assujettis au règlement s'élever de 96.000 à 140.000, et le nombre de morts, par 10.000 appareils et par an, s'abaisser de 3,7 à 1,5.

Néanmoins, sur certains points, cette réglementation n'est plus aujourd'hui en rapport exact, soit avec les principes techniques susceptibles d'assurer le maximum de sécurité, soit avec le degré de liberté qui peut être donné à l'industrie sans augmentation de risque. Il n'y a rien là qui doive surprendre, si l'on songe aux progrès accomplis, aux transformations subies par les arts mécaniques durant ce quart de siècle. Actuellement, il semble possible, sans nuire au développement de l'industrie et en accordant au contraire de notables facilités à certaines installations, de favoriser de plus en plus la décroissance du rapport entre le nombre annuel des morts et la puissance des appareils à vapeur.

La revision tendant à ce but a été étudiée d'abord par une commission spéciale, dont le premier soin a été de recueillir les observations de tous les ingénieurs des mines chargés de la surveillance des appareils à vapeur et de s'entourer de renseignements sur les règlements étrangers. Des délibérations de cette commission est sorti un texte que la commission centrale des machines à vapeur a remanié en le simplifiant. Enfin, le conseil d'Etat a amendé le projet sur plusieurs points, soit dans un but de précision, soit pour compléter les conditions d'emplacement des chaudières en vue d'assurer le plus de sécurité aux travailleurs des ateliers.

La statistique montre que la cause principale des accidents mortels qui surviennent dans l'emploi des appareils à vapeur est le défaut d'entretien. Le règlement s'est donc attaché à rendre plus précises et, dans la mesure nécessaire, plus complètes que par le passé, les obligations de l'exploitant à cet égard. L'article 36 du décret de 1880 dit bien que « ceux qui font usage de générateurs ou de récipients à vapeur veilleront à ce que ces appareils soient entretenus constamment en bon état de service » et que, « à cet effet, ils tiendront la main à ce que des visites complètes, tant à l'intérieur qu'à l'extérieur, soient faites à des intervalles rapprochés pour constater l'état des appareils et assurer l'exécution, en temps utile, des réparations ou remplacements nécessaires ». Mais quels sont ces intervalles que le décret qualifie de rapprochés? Quelles traces laissent ces visites ? Comment le service des mines peut-il s'assurer qu'elles ont été faites? Dans le système nouveau, les cas où l'appareil doit être l'objet d'une visite complète, tant à l'intérieur qu'à l'extérieur, sont soigneusement précisés. Cette visite complète devient le complément indispensable de ltout renouvellement de l'épreuve hydraulique. Quelles que soient les circonstances, elle doit avoir lieu au minimum une fois chaque année. Il en restera une trace matérielle, sous la forme d'un compte rendu daté et signé par le visiteur, compte rendu qui sera représenté aux agents du service des mines. De plus, un registre d'entretien sera tenu par l'exploitant, qui devra y noter, à leur date, les visites intérieures et extérieures, ainsi que les réparations.

Les industriels n'ont pas tous à leur service, dans leurs établissements, un personnel technique compétent pour procéder à ces indispensables visites; mais ils peuvent s'adresser à des spécialistes du dehors. L'affiliation à une association de propriétaires d'appareils à vapeur est l'un des moyens qu'il leur est loisible d'employer pour s'assurer, dans des conditions faciles et relativement peu coûteuses, les services de visiteurs exercés.

Les vérifications auxquelles procèdent ces associations étaient déjà mises à profit sous le régime du décret de 1880 pour éviter certains renouvellement d'épreuves, conformément à l'article 3. Le règlement projeté fait un pas de plus dans le même sens. Il pourra dorénavant être sursis à l'épreuve décennale, sur l'autorisation de l'ingénieur des mines, lorsqu'une association agréée certifiera le bon état de l'appareil dans toutes ses parties.

De la statistique des accidents se dégage un enseignement important : c'est que les victimes des accidents de chaudières sont en très grande majorité, non des personnes tuées par les effets mécaniques de la fragmentation de l'appareil, mais des ouvriers brûlés ou asphyxiés par un retour de flamme ou une projection de vapeur d'eau. Ce genre d'accident s'est multiplié à la suite de l'introduction, dans l'usage industriel, des générateurs à tubes d'eau, plus sujets que les grands corps cylindriques aux avaries de détail, par suite de leur principe même et parce que, dans les premiers temps de leur emploi, ni les constructeurs ni les usagers n'en connaissaient parfaitement le fort et le faible. Quoi qu'il en soit de cette dernière circonstance, il est visiblement d'une importance de premier ordre, pour la sécurité d'emploi de toutes les chaudières et en particulier de celles à tube d'eau, que les chauffeurs soient le mieux protégés possible contre les dangers de brûlure et d'asphyxie. On peut beaucoup, dans cet ordre d'idées, en disposant d'une manière judicieuse les portes des foyers, les fermetures des boîtes à tubes et des boîtes à fumée, en dotant toute chambre de chauffe d'issues aisément praticables dans deux directions au moins, en assurant l'aération des chaufferies. C'est à quoi le règlement nouveau pourvoit, par ses articles 16 et 17.

A la faveur du progrès que ces prescriptions nouvelles, jointes à l'expérience technique maintenant acquise par les constructeurs et par le personnel des usines, réaliseront dans la sécurité d'emploi des générateurs à petits éléments, il devient possible de modifier les règles relatives à l'emplacement des chaudières et des groupes de chaudières au voisinage des habitations ou dans les immeubles à étages. On a, pour ainsi dire, incorporé dans le règlement la jurisprudence administrative relative aux dérogations d'emplacement, en décidant de faire dorénavant abstraction, pour le calcul du produit caractéristique, des éléments de petite section. La rupture d'un de ces éléments ne saurait, en effet, donner lieu à de grands effets dynamiques. Elle pourrait être dangereuse, il est vrai, pour le personnel même de la chaufferie ; mais, à cet égard, on compte sur la protection qui résultera désormais des dispositions prescrites par les articles 16 et 17.

Les locomobiles ont donné lieu, durant ces dernières années, à des accidents dont la fréquence et la gravité étaient hors de proportion avec la puissance totale de cette classe d'appareils. C'est pourquoi, tandis que le règlement nouveau se distingue, ainsi qu'il vient d'être expliqué, par des innovations libérales en ce qui touche les générateurs fixes, les appareils locomobiles sont l'objet de mesures destinées à resserrer à leur égard la surveillance administrative. On a tenu, cependant, à leur conserver d'une manière générale le même système réglementaire qu'aux autres appareils à vapeur, c'est-à-dire à les laisser sous le régime de la simple déclaration ; les mesures spéciales qui les visent, notamment la substitution à l'épreuve décennale d'une épreuve tous les cinq ans, et l'obligation d'une vérification complète de l'état de l'appareil lors de tout changement de propriétaire, n'ont rien qui puisse porter atteinte aux intérêts légitimes de l'industrie.

Le décret du 25 janvier 1865 avait laissé les récipients de vapeur hors de toute réglementation. Le décret de 1880 a réglementé certains de ces appareils; mais il n'a visé que ceux au moyen desquels une matière est élaborée ou bien ceux dans lesquels de l'eau à haute température est emmagasinée pour fournir ensuite un dégagement de chaleur ou de vapeur. Le nouveau règlement substitue une notion plus large et plus simple à des définitions particularistes, ainsi que l'a fait déjà le décret du 1er février 1893, relatif aux appareils à vapeur de la navigation maritime. Il protège, mieux que par le passé, les récipients de vapeur contre les excès de pression et contre l'affaiblissement par usure, causes principales d'explosion pour ces appareils. Enfin, il exclut de l'intérieur des maisons habitées ceux qui ont à la fois un grand volume et une forte pression.

Il existe une catégorie d'appareils à vapeur intermédiaires, pour ainsi dire, entre les générateurs et les récipients : ce sont les marmites de Papin, ou, comme on dit incorrectement, mais usuellement, dans l'industrie, les autoclaves chauffés à feu nu. Ces vases clos, où de la vapeur est engendrée mais séjourne sans écoulement, n'ont pas été explicitement visés par le décret du 30 avril 1880. La circulaire du 21 juillet de la même année prescrit de les assimiler aux générateurs de vapeur, quitte à les dispenser, par voie de dérogation, des appareils de sûreté qui leur sont inutiles. C'est une solution qui donne lieu, pour le moins, à des formalités inutiles. Le projet fixe, par un article explicite, le régime réglementaire applicable à ces appareils.

Je ne crois pas nécessaire d'insister sur les autres modifications apportées aux dispositions du décret du 30 avril 1880. Elles ont surtout pour but de mettre la réglementation des appareils de sûreté en harmonie avec l'état présent de la science technique, et de préciser les dispositions applicables aux réchauffeurs, surchauffeurs, etc. Dans son ensemble, le projet de décret ci-joint me paraît constituer, par rapport à la réglementation antérieure, une mise au point conforme aux progrès de l'art et profitable à la sécurité publique, quoique laissant à l'industrie la plus grande somme possible de liberté.

Je vous prie d'agréer, Monsieur le Président, les assurances de mon profond respect.

Le ministre des travaux publics, des postes et des télégraphes,

Louis BARTHOU

DÉCRET DU 9 OCTOBRE 1907

Portant Règlement pour les Appareils à vapeur à terre.

Le Président de la République française,

Sur le rapport du ministre des travaux publics, des postes et des télégraphes,

Vu la loi du 21 juillet 1856, concernant les contraventions aux règlements sur les appareils et bateaux à vapeur ;

Vu la loi du 18 avril 1900 concernant les contraventions aux règlements sur les appareils à pression de vapeur ou de gaz et sur les bateaux à bord desquels il en est fait usage ;

Vu le décret du 30 avril 1880 relatif aux chaudières à vapeur autres que celles placées sur les bateaux ;

Vu le décret du 29 juin 1886 portant modification du précédent ;

Vu l'avis de la commission centrale des machines à vapeur ;

Le conseil d'État entendu,

Décrète :

Article premier. — Sont soumis aux formalités et aux mesures prescrites par le présent règlement :

1° Les générateurs de vapeur, autres que ceux qui sont placés à bord des bateaux ;

2° Les récipients définis ci-après (titre V).

Sont exceptés, toutefois, de l'application de ce règlement :

a) Les générateurs dont la capacité est inférieure à 25 litres.

b) Les générateurs de capacité quelconque où des dispositions matérielles efficaces empêchent la pression effective de la vapeur de dépasser 300 grammes par centimètre carré, à la condition que ces générateurs soient munis d'une plaque portant les mots « non soumis au décret du 9 octobre 1907 » et indiquant la pression maximum pour laquelle ces dispositions sont prises; le constructeur doit adresser à l'ingénieur des mines, au plus tard à la fin du mois, un état des générateurs remplissant les conditions prévues au présent paragraphe, qu'il a livrés, avec la désignation des acquéreurs.

TITRE PREMIER

Mesures de sûreté relatives aux chaudières placées à demeure

ART. 2. — Aucune chaudière neuve nc peut être mise en service qu'après avoir subi l'épreuve réglementaire ci-après définie. Cette épreuve doit être faite chez le constructeur et sur sa demande.

Toutefois, elle pourra être faite sur le lieu d'emploi dans les circonstances et sous les conditions qui seront fixées par le ministre.

Toute chaudière venant de l'étranger est éprouvée avant sa mise en service, sur le point du territoire français désigné par le destinataire dans sa demande.

ART. 3. — Lorsqu'une chaudière a subi, dans un atelier de construction ou de réparation, des changements ou des réparations notables, l'épreuve doit être renouvelée sur la demande du constructeur ou du réparateur.

Le renouvellement de l'épreuve peut être exigé de celui qui fait usage d'une chaudière :

1° Lorsque la chaudière, ayant déjà servi, est l'objet d'une nouvelle installation ;

2° Lorsqu'elle a subi une réparation notable ;

3° Lorsqu'elle est remise en service après un chômage de plus d'un an.

A cet effet, l'intéressé devra informer l'ingénieur des mines de ces diverses circonstances. En particulier, si l'épreuve exige la démolition du massif du fourneau ou l'enlèvement de l'enveloppe de la chaudière et un chômage plus ou moins prolongé, cette épreuve pourra ne point être exigée, lorsque des renseignements authentiques sur l'époque et les résultats de la dernière visite, intérieure et extérieure, constitueront une présomption suffisante en faveur du bon état de la chaudière. Pourront être notamment considérés comme renseignements probants les certificats délivrés aux membres des associations de propriétaires d'appareils à vapeur par celles de ces associations que le ministre aura désignées.

Le renouvellement de l'épreuve est exigible également lorsque, à raison des conditions dans lesquelles une chaudière fonctionne, il y a lieu, par l'ingénieur des mines, d'en suspecter la solidité.

Dans tous les cas, lorsque celui qui fait usage d'une chaudière contestera la nécessité d'une nouvelle épreuve, il sera, après une instruction où celui-ci sera entendu, statué par le préfet.

L'intervalle entre deux épreuves consécutives ne doit pas être supérieur à dix années. Avant l'expiration de ce délai, celui qui fait usage d'une chaudière à vapeur doit lui-même demander le renouvellement de l'épreuve.

Toutefois, il peut être sursis à la réépreuve décennale, sur l'autorisation de l'ingénieur des mines, lorsqu'une association de propriétaires d'appareils à vapeur, agréée à cet effet par le ministre, certifie le bon état de l'appareil dans toutes ses parties.

ART. 4. — L'épreuve consiste à soumettre la chaudière à une pression hydraulique supérieure à la pression effective qui ne doit point être dépassée dans le service. Cette pression d'épreuve sera maintenue pendant le temps nécessaire à l'examen de la chaudière.

Toutes les parties de celle-ci doivent pouvoir être visitées.

Toutefois, pour les réépreuves sur le lieu d'emploi, l'ingénieur en chef aura la faculté d'autoriser des atténuations à cette règle, dans la mesure et sous les conditions précisées par les instructions du ministre.

Pour les appareils neufs et pour ceux ayant subi des changements notables ou de grandes réparations, la surcharge d'épreuve est égale, en kilogrammes par centimètre carré :

A la pression effective, avec minimum de un demi, si le timbre n'excède pas 6;

A 6, si le timbre est supérieur à 6 sans excéder 20;

A 7, si le timbre est supérieur à 20 sans excéder 30;

A 8, si le timbre est supérieur à 30 sans excéder 40;

Au cinquième de la pression effective si le timbre excède 40.

Dans les autres cas, la surcharge d'épreuve est moitié de celle résultant des indications qui précèdent.

L'épreuve est faite sous la direction et en la présence de l'ingénieur ou du contrôleur des mines.

Elle n'est pas exigée pour l'ensemble d'une chaudière dont les diverses parties, éprouvées séparément, ne doivent être réunies que par des tuyaux placés sur tout leur parcours en dehors du foyer et des conduits de flamme et dont les joints peuvent être facilement démontés.

Le chef de l'établissement où se fait l'épreuve fournit la main-d'œuvre et les appareils nécessaires à l'opération.

Art. 5. — Après qu'une chaudière ou partie de chaudière a été éprouvée avec succès, il y est apposé un ou plusieurs timbres indiquant, en kilogrammes par centimètre carré, la pression effective que la vapeur ne doit pas dépasser.

Les timbres sont poinçonnés et reçoivent trois nombres indiquant le jour, le mois et l'année de l'épreuve.

Un de ces timbres est placé de manière à être toujours apparent après la mise en place de la chaudière.

Toute chaudière neuve présentée à l'épreuve doit porter une plaque d'identité indiquant :

1° Le nom du constructeur ;

2° Le lieu, l'année et le numéro d'ordre de fabrication.

Art. 6. — Les réchauffeurs d'eau sous pression, les sécheurs et les surchauffeurs de vapeur sont considérés comme chaudières ou parties de chaudières pour tout ce qui est prescrit par les articles précédents.

Art. 7. — Chaque chaudière est munie de deux soupapes de sûreté, chargées de manière à laisser la vapeur s'écouler dès que sa pression effective atteint la limite maximum indiquée par le timbre réglementaire.

Chacune de ces soupapes doit suffire pour évacuer à elle seule et d'elle-même toute la vapeur produite, dans toutes les circonstances du fonctionnement, sans que la pression effective dépasse de plus de un dixième la limite ci-dessus.

Les mesures nécessaires doivent être prises pour que l'échappement de la vapeur ou de l'eau chaude ne puisse pas occasionner d'accident.

Art. 8. — Quand des réchauffeurs d'eau d'alimentation seront munis d'appareils de fermeture permettant d'intercepter leur communication avec les chaudières, ils porteront une soupape de sûreté réglée en égard à leur timbre et suffisante pour limiter d'elle-même et en toutes circonstances la pression au taux fixé par l'article 7.

Il en sera de même pour les surchauffeurs de vapeur, à moins que les dispositions prises n'excluent l'éventualité d'une élévation de la pression au-dessus du timbre.

Art. 9. — Toute chaudière est munie d'un manomètre en bon état, placé en vue du chauffeur et gradué de manière à indiquer en kilogrammes par centimètre carré la pression effective de la vapeur dans la chaudière.

Une marque très apparente indique sur l'échelle du manomètre la limite que la pression effective ne doit point dépasser.

La chaudière est munie d'un ajutage terminé par une bride de 4 centimètres de diamètre et 5 millimètres d'épaisseur, disposée pour recevoir le manomètre vérificateur.

ART. 10. — Chaque chaudière est munie d'un appareil de retenue, soupape ou clapet, fonctionnant automatiquement et placé au point d'insertion du tuyau d'alimentation qui lui est propre.

ART. 11. — Chaque chaudière est munie d'une soupape ou d'un robinet d'arrêt de vapeur, placé, autant que possible, à l'origine du tuyau de conduite de vapeur, sur la chaudière même.

ART. 12. — Toute paroi en contact, par une de ses faces, avec la flamme ou les gaz de la combustion doit être baignée par l'eau sur sa face opposée.

Le niveau de l'eau doit être maintenu, dans chaque chaudière, à une hauteur de marche telle qu'il soit, en toutes circonstances, à six centimètres au moins au-dessus du plan pour lequel la condition précédente cesserait d'être remplie. La position limite sera indiquée, d'une manière très apparente, au voisinage du tube de niveau mentionné à l'article suivant.

Les prescriptions énoncées au présent article ne s'appliquent point :

1º Aux sécheurs et surchauffeurs de vapeur à petits éléments distincts de la chaudière ;

2º A des surfaces relativement peu étendues et placées de manière à ne jamais rougir, même lorsque le feu est poussé à son maximum d'activité, telles que les tubes ou parties de cheminée qui traversent le réservoir de vapeur, en envoyant directement à la cheminée principale les produits de la combustion.

ART. 13. — Chaque chaudière est munie de deux appareils indicateurs du niveau de l'eau, indépendants l'un de l'autre et placés en vue de l'ouvrier chargé de l'alimentation.

L'un au moins de ces appareils indicateurs est un tube en verre, disposé de manière à pouvoir être facilement nettoyé et remplacé au besoin.

Des précautions doivent être prises contre le danger provenant des éclats de verre en cas de bris des tubes, au moyen de dispositions qui ne fassent pas obstacle à la visibilité du niveau.

ART. 14. — Sur les groupes générateurs composés de deux ou de plusieurs appareils distincts, toute prise de vapeur correspondant à une conduite de plus de 50 centimètres carrés de section intérieure et par laquelle, en cas d'avarie à l'un des appareils, la vapeur provenant des autres pourrait refluer vers l'appareil avarié, est pourvue d'un clapet ou soupape de retenue, disposé de manière à se fermer automatiquement dans le cas où le sens normal du courant de vapeur viendrait à se renverser.

Art. 15. — Lorsqu'une chaudière est chauffée par les flammes perdues d'un ou plusieurs fours, tout le courant des gaz chauds doit, en arrivant au contact des tôles, être dirigé tangentiellement aux parois de cette chaudière.

A cet effet, si les rampants destinés à amener les flammes ne sont pas construits de façon à assurer ce résultat, les tôles exposées au coup de feu doivent être protégées, en face des débouchés des rampants dans les carneaux, par des murettes en matériaux réfractaires, distantes des tôles d'au moins 5 centimètres et suffisamment étendues dans tous les sens pour que les courants des gaz chauds prennent des directions sensiblement tangentielles aux surfaces des tôles voisines avant de les toucher.

Art. 16. — Sur toute chaudière à vapeur, ainsi que sur tout réchauffeur d'eau, sécheur ou surchauffeur de vapeur, les orifices des foyers, les boîtes à tubes et les boîtes à fumée sont pourvues de fermetures solides, établies de manière à empêcher, en cas d'avarie, les retours de flamme ou les projections d'eau et de vapeur sur les ouvriers.

Dans les chaudières à tubes d'eau et les surchauffeurs, les portes de foyers et les fermetures de cendriers seront disposées de manière à s'opposer automatiquement à la sortie éventuelle d'un flux de vapeur. Des mesures seront prises pour qu'un semblable flux ait toujours un écoulement facile et inoffensif vers le dehors.

Art. 17. — La chambre de[chauffe de toute chaudière et de tout surchauffeur à foyer doit être de dimensions suffisantes pour que toutes les opérations de la chauffe et de l'entretien courant s'effectuent sans danger. Elle doit offrir aux chauffeurs des moyens de retraite faciles dans deux directions, au moins. Elle doit être bien éclairée.

Les plates-formes des massifs doivent posséder des moyens d'accès aisément praticables. Tout travail à poste fixe est interdit sur ces massifs, sauf pour le service de la chaufferie.

La ventilation des locaux où sont installés les chaudières ou groupes générateurs doit être assurée, et de telle manière que la température n'y soit jamais exagérée.

Art. 18. — Les vases clos chauffés à feu nu dans lesquels l'eau est portée à une température de plus de 100 degrés, sans que le chauffage ait pour effet de produire un débit de vapeur, sont considérés comme chaudières à vapeur pour l'application du présent règlement.

Toutefois, les appareils de sûreté obligatoires sur une chaudière de cette sorte sont seulement les suivants :

1° Deux soupapes de sûreté, conformément à l'article 7, dans le cas ou la capacité de la chaudière excède 100 litres ; dans le cas contraire, une seule soupape, remplissant d'ailleurs les conditions stipulées audit article ;

2° Un manomètre et une bride de vérification remplissant les conditions prescrites à l'article 9 ;

3° Deux appareils indicateurs du niveau de l'eau, conformément à l'article 13, à moins que le mode d'emploi ne comporte nécessairement l'ouverture du vase entre les opérations successives auxquelles il sert. Dans ce cas, il peut n'y avoir qu'un seul appareil indicateur du niveau de l'eau et cet appareil peut être réduit à un robinet de jauge, placé de manière à donner de l'eau tant que la condition de l'article 12 est remplie.

TITRE II

Établissement des chaudières à vapeur placées à demeure

ART. 19. — Toute chaudière destinée à être employée à demeure ne peut être mise en service qu'après une déclaration adressée par celui qui fait usage du générateur au préfet du département. Cette déclaration est enregistrée à sa date. Il en est donné acte. Elle est communiquée sans délai à l'ingénieur en chef des mines.

ART. 20. — La déclaration fait connaître avec précision :

1° Le nom et le domicile du vendeur de la chaudière ou l'origine de celle-ci ;

2° Le nom et le domicile de celui qui se propose d'en faire usage ;

3° La commune et le lieu où elle est établie ;

4° La forme, la capacité et la surface de chauffe ;

5° Le numéro du timbre réglementaire ;

6° Un numéro distinctif de la chaudière, si l'établissement en possède plusieurs ;

7° Enfin le genre d'industrie et l'usage auquel elle est destinée.

Tout changement dans l'un des éléments déclaré entraîne l'obligation d'une déclaration nouvelle.

Art. 21. — Les chaudières et les groupes générateurs se classent, sous le rapport des conditions d'emplacement, en trois catégories.

Cette classification a pour base le produit V $(t — 100)$, où t représente, en degrés centigrades, la température de vapeur saturée correspondant au timbre de la chaudière, conformément à la table annexée au présent décret, et où V désigne, en mètres cubes, la capacité de la chaudière, y compris ses réchauffeurs d'eau et ses surchauffeurs de vapeur, mais abstraction faite des parties de cette capacité qui seraient constituées par des tubes ne mesurant pas plus de 10 centimètres de diamètre intérieur, ainsi que par les pièces de jonction entre ces tubes n'ayant pas plus de 1 centimètre carré de section intérieure.

Lorsque plusieurs chaudières sont disposées de manière à pouvoir desservir une même conduite de vapeur, on forme la somme des produits ainsi définis, mais en ne comptant qu'une fois les réchauffeurs ou surchauffeurs communs.

Une chaudière ou un groupe générateur est de première catégorie quand le produit caractéristique ainsi obtenu excède 200, de deuxième quand il n'excède pas 200, mais excède 50, de troisième quand il est égal ou inférieur à 50.

Art. 22. — Les chaudières ou les groupes générateurs compris dans la première catégorie doivent être en dehors de toute maison d'habitation et de tout bâtiment fréquenté par le public. Ils doivent également, à moins que la nature de l'industrie ne s'y oppose, être en dehors de tout atelier occupant, à poste fixe, un personnel autre que celui des chauffeurs, des conducteurs de machines et de leurs aides. En aucun cas, les locaux où se trouvent ces appareils ne doivent être surmontés d'étages ; toutefois, on ne considère pas comme un étage, au-dessus de l'emplacement d'une chaudière, une construction dans laquelle ne se fait aucun travail nécessitant la présence d'un personnel à poste fixe.

Art. 23. — Une chaudière ou un groupe générateur de première catégorie doit être au moins à 3 mètres de toute maison d'habitation et de tout bâtiment fréquenté par le public.

Lorsqu'une chaudière ou un groupe de première catégorie est placé à moins de 10 mètres d'une maison d'habitation ou d'un bâtiment fréquenté par le public, il en est séparé par un mur de défense.

Ce mur, en bonne et solide maçonnerie, est construit de manière à défiler la maison ou le bâtiment par rapport à tout point de la chaudière ou de l'une quelconque des chaudières distant de moins de 10 mètres, sans toutefois que sa hauteur dépasse de plus d'un mètre la partie la plus élevée de la chaudière. Son épaisseur est égale au tiers au moins de sa hauteur, sans que cette épaisseur puisse être inférieure à un mètre en couronne. Il est séparé du mur de la maison voisine ou du bâtiment assimilé par un intervalle libre de 30 centimètres de largeur au moins.

Les distances de 3 mètres et de 10 mètres, fixées ci-dessus, sont réduites respectivement à 1 m. 50 et à 5 mètres, lorsque la chaudière est installée de façon que la partie supérieure de ladite chaudière se trouve à 1 mètre en contre-bas du sol, du côté de la maison voisine ou du bâtiment assimilé.

Art. 24. — Une chaudière ou un groupe générateur appartenant à la deuxième catégorie doit être en dehors de toute maison habitée et de tout bâtiment fréquenté par le public.

Toutefois, cette chaudière ou ce groupe peut être dans une construction contenant des locaux habités par l'industriel, ses employés, ouvriers et serviteurs et par leurs familles, à la condition que ces locaux soient séparés des appareils, dans toute la section du bâtiment, par un mur en solide maçonnerie de 45 centimètres au moins d'épaisseur, ou que leur distance horizontale soit de 10 mètres au moins de la chaudière ou du groupe.

TITRE III

Chaudières locomobiles

Art. 25. — Sont considérées comme locomobiles les chaudières à vapeur qui peuvent être transportées facilement d'un lieu dans un autre, n'exigent aucune construction pour fonctionner sur un point donné et ne sont employées que d'une manière temporaire à chaque station.

Art. 26. — Les dispositions du titre Ier sont applicables aux chaudières locomobiles, sauf les modifications suivantes :

1° Le cas d'une nouvelle installation prévu à l'article 3 est remplacé pour les locomobiles par le cas d'un changement de propriétaire ;

2° L'intervalle de dix années, mentionné au même article 3, est réduit à cinq ans pour les locomobiles, à moins que ces appareils ne fonctionnent exclusivement dans les limites d'un même établissement ou ne soient affectés à un service public soumis à un contrôle administratif.

Art. 27. — Chaque chaudière porte une plaque sur laquelle sont inscrits, en caractères indélébiles et très apparents, le nom et le domicile du propriétaire et un numéro d'ordre, si ce propriétaire possède plusieurs chaudières locomobiles.

Art. 28. — Toute chaudière locomobile doit être, avant sa mise en service, l'objet d'une déclaration adressée par le propriétaire de l'appareil au préfet du département dans lequel ce propriétaire est domicilié. Les prescriptions des articles 19 et 20 s'appliquent à ce cas, sauf remplacement des indications de l'article 20 numérotées 2, 3 et 6 par celles mentionnées à l'article 27.

L'ouvrier chargé de la conduite devra représenter à toute réquisition le récépissé de cette déclaration.

TITRE IV

Chaudières des machines locomotives

Art. 29. — Les machines à vapeur locomotives sont celles qui, sur terre, travaillent en même temps qu'elles se déplacent par leur propre force, telles que les machines des chemins de fer et des tramways, les machines routières, les rouleaux compresseurs, etc.

Art. 30. — Les dispositions du titre Ier modifiées par l'article 26 sont applicables aux chaudières des machines locomotives. Ces machines doivent être pouvues de la plaque prescrite par l'article 27.

Art. 31. — Les dispositions de l'article 28, paragraphe 1er, s'appliquent également à ces chaudières.

Art. 32. — La circulation des machines locomotives a lieu dans les conditions déterminées par des règlements spéciaux.

TITRE V

Récipients

Art. 33. — Sont soumis aux dispositions suivantes les récipients de formes diverses, d'une capacité de plus de 100 litres, qui reçoivent de la vapeur d'eau empruntée à un générateur distinct. Sont exceptés toutefois :

1º Ceux dans lesquels des dispositions matérielles efficaces empêchent la pression effective de cette vapeur de dépasser 300 grammes par centimètre carré ;

2º Les cylindres de machines, avec ou sans enveloppes, les enveloppes de turbines, les tuyauteries.

Art. 34. — Ces récipients sont soumis aux épreuves et assujettis à la déclaration, soit conformément aux articles 2 et 5, et aux articles 19 et 20, s'ils sont installés à demeure, soit conformément aux articles 26 et 28, s'ils sont mobiles. Dans ce dernier cas, l'article 27 leur est applicable.

Art. 35. — Tout récipient, dont le timbre n'est pas au moins égal à celui de la chaudière ou des chaudières dont il dépend, doit être garanti contre les excès de pression par une soupape de sûreté si sa capacité est inférieure à 1 mètre cube, ou par deux soupapes de sûreté si sa capacité atteint ou dépasse 1 mètre cube. Cette soupape ou ces soupapes doivent remplir, par rapport au timbre du récipient, les conditions fixées à l'article 7.

Elles peuvent être placées, soit sur le récipient lui-même, soit sur le tuyau d'arrivée de la vapeur, entre le robinet et le récipient.

Art. 36. — Lorsqu'un récipient ou un groupe de récipients formant un même appareil doit, en vertu de l'article 35, être muni d'une ou de deux soupapes de sûreté, il doit également être muni d'un manomètre et d'un ajutage remplissant les conditions spécifiées à l'article 9.

Art. 37. — Un récipient est considéré comme n'ayant aucun produit caractéristique, s'il ne renferme pas normalement d'eau à l'état liquide et s'il est pourvu d'un appareil de purge fonctionnant d'une manière efficace et évacuant l'eau de condensation à mesure qu'elle prend naissance. S'il n'en est pas ainsi, son produit caractéristique est le produit $V(t-100)$ calculé comme pour une chaudière.

Un récipient, installé à demeure, dont le produit caractéristique excède 200, doit être en dehors de toute maison habitée et de tout bâtiment fréquenté par le public.

TITRE VI

Dispositions générales

Art. 38. — Le ministre peut, sur le rapport des ingénieurs des mines, l'avis du préfet et celui de la commission centrale des machines à vapeur, accorder dispense de tout ou partie des prescriptions du présent décret, dans le cas où il serait reconnu que cette dispense ne peut pas avoir d'inconvénient.

Art. 39. — Les chaudières et récipients à vapeur en activité, ainsi que leurs appareils et dispositifs de sûreté, doivent être constamment en bon état d'entretien et de service.

La conduite des chaudières à vapeur ne doit être confiée qu'à des agents sobres et expérimentés.

L'exploitant est tenu d'assurer en temps utile les nettoyages, les réparations et les remplacements nécessaires.

A l'effet de reconnaître l'état de chaque appareil à vapeur et de ses accessoires, il doit faire procéder, par une personne compétente, aussi souvent qu'il est nécessaire et au minimum une fois chaque année, à l'examen défini à l'article 40.

Cet examen doit, notamment, avoir lieu dans chacun des cas mentionnés à l'article 3.

Lorsque l'appareil arrive à l'expiration de la période décennale ou quinquennale visée aux articles 3 et 26, il doit être procédé au dit examen, soit préalablement à l'octroi du sursis prévu par ces articles, soit, si l'épreuve a lieu, aussitôt après cette épreuve.

Art. 40. — L'examen consiste dans une visite complète de l'appareil, tant à l'intérieur qu'à l'extérieur.

Le visiteur dresse, de chaque examen, un compte rendu mentionnant les résultats de l'examen et les défauts qui auraient été constatés. Ce compte rendu, daté et signé par le visiteur, doit être représenté par l'exploitant à toute réquisition du service des mines.

En ce qui concerne les appareils dont le délai de réépreuve périodique est fixé à cinq années par les articles 26, 30 et 34, l'exploitant est tenu d'envoyer en communication à l'ingénieur des mines chaque compte rendu d'examen dressé conformément aux dispositions qui précèdent.

Art. 41. — L'exploitant doit tenir un registre d'entretien, où sont notés à leur date, pour chaque appareil à vapeur, les épreuves, les examens intérieurs et extérieurs, les nettoyages et les réparations. Ce registre doit être coté et paraphé par un représentant de l'autorité chargée de la police locale. Il est présenté à toute réquisition des fonctionnaires du service des mines.

Art. 42. — Les appareils mobiles sont assujettis aux mêmes conditions d'emplacement que les appareils fixes, lorsqu'ils restent pendant plus de six mois installés pour fonctionner sur le même emplacement.

Art. 43. — Les conditions fixées par les articles 7 et 12, ainsi que celles relatives à l'emplacement des chaudières et des récipients, ne sont pas applicables aux appareils installés ou mis en service avant la promulgation du présent décret et satisfaisant, sur ces points, aux règlements antérieurs.

Art. 44. — Les contraventions au présent règlement sont constatées, poursuivies et réprimées conformément aux lois.

Art. 45. — En cas d'accident ayant occasionné la mort ou des blessures, le chef de l'établissement doit prévenir immédiatement le maire de la commune et l'ingénieur des mines chargé de la surveillance. L'ingénieur se rend sur les lieux, dans le plus bref délai, pour visiter les appareils, en constater l'état et rechercher les causes de l'accident. Il rédige sur le tout :

1º Un procès-verbal des constatations faites qu'il adresse à l'ingénieur en chef et que celui-ci fait parvenir au procureur de la République avec son avis ;

2º Un rapport qui est adressé au préfet, par l'intermédiaire et avec l'avis de l'ingénieur en chef.

Si l'ingénieur des mines délègue le contrôleur subdivisionnaire des mines pour se rendre sur les lieux, ce dernier établit et signe le procès-verbal et le rapport. Il les adresse à l'ingénieur des mines et celui-ci les transmet avec ses observations à l'ingénieur en chef, qui procède comme il est dit ci-dessus.

En cas d'accident n'ayant occasionné ni mort ni blessure, le chef de l'établissement n'est tenu de prévenir que l'ingénieur des mines. L'enquête est faite sur place par l'ingénieur ou, par délégation de l'ingénieur, par le contrôleur subdivisionnaire. L'ingénieur ou le contrôleur qui a procédé à l'enquête rédige un rapport qui est adressé au préfet comme dans le premier cas.

En cas d'explosion, les constructions ne doivent point être réparées et les fragments de l'appareil rompu ne doivent point être déplacés ou dénaturés avant la constatation de l'état des lieux par l'ingénieur.

Art. 46. — Par exception, le ministre pourra confier la surveillance des appareils à vapeur aux ingénieurs ordinaires et aux conducteurs des ponts et chaussées, sous les ordres de l'ingénieur en chef des mines de la circonscription.

Art. 47. — Les appareils à vapeur qui dépendent des services spéciaux de l'État sont surveillés par les fonctionnaires et agents de ces services.

Art. 48. — Les attributions conférées aux préfets des départements par le présent décret sont exercées par le préfet de police dans toute l'étendue de son ressort.

ART. 49. — Sont rapportés les décrets du 30 avril 1880 et du 29 juin 1886.

ART. 50. — Le ministre des travaux publics, des postes et des télégraphes est chargé de l'exécution du présent décret, qui sera publié au *Journal officiel* et inséré au *Bulletin des lois.*

Fait à Rambouillet, le 9 octobre 1907.

A. FALLIÈRES.

Par le Président de la République :

Le ministre des travaux publics, des postes et des télégraphes,

Louis BARTHOU.

TABLE

donnant la température (en degrés centigrades) de l'eau correspondant à une pression donnée (en kilogrammes effectifs)

VALEURS CORRESPONDANTES							
DE LA PRESSION EFFECTIVE EN KILOGRAMMES				DE LA TEMPÉRATURE EN DEGRÉS CENTIGRADES			
0.5	5.5	10.5	15.5	111	161	185	202
1.0	6.0	11.0	16.0	120	164	187	203
1.5	6.5	11.5	16.5	127	167	189	205
2.0	7.0	12.0	17.0	133	170	191	206
2.5	7.5	12.5	17.5	138	173	193	208
3.0	8.0	13.0	18.0	143	175	194	209
3.5	8.5	13.5	18.5	147	177	196	210
4.0	9.0	14.0	19.0	151	179	197	211
4.5	9.5	14.5	19.5	155	181	199	213
5.0	10.0	15.0	20.0	158	183	200	214

PUBLICATION DES LOIS ET DÉCRETS

MARCEL RIVIÈRE

30, Rue Jacob, PARIS

L'Union Typographique, imp. coop. ouvr., Villeneuve-St-Georges (S.-et-O.)

Accidents du Travail. — Loi du 9 avril 1898, modifiée par les lois du 22 mars 1902 et du 31 mars 1905. Loi du 30 juin 1899, accidents agricoles. Loi du 16 avril 1906, exploitations commerciales. Décrets d'administration publique. 1 brochure in-8 de 36 pages. Prix .... **O fr. 50**

Accidents du Travail. — Arrêté du 30 septembre 1905, fixant le tarif des frais médicaux et pharmaceutiques en matière d'accidents du travail. 1 brochure in-8 .... **O fr. 75**

Assistance aux Vieillards. — Instruction du 16 avril 1906 suivie de la loi du 14 juillet 1905. Décret du 14 avril 1906 et annexes· 1 brochure in-8 .... **1 fr. 25**

Boissons et Spiritueux. — Loi du 29 décembre 1900. Loi du 6 août 1905 relative à la répression de la fraude sur les vins. Loi du 30 janvier 1907 sur les spiritueux. Lois et décrets de 1907 sur le mouillage et le sucrage, complétés des lois antérieures mises en vigueur par les présentes. 1 brochure in-8 de 44 pages.   **O fr. 75**

Bouilleurs de cru. — Lois des 31 mars 1903, 22 avril 1905, 27 février et 17 avril 1906. Arrêté ministériel du 2 avril 1903 et décrets du 19 août 1903. 1 brochure in-8 de 30 pages .... **O fr. 50**

Brevets d'invention. — Loi du 3 mai 1841, modifiée par celles du 31 mai 1856 et du 7 avril 1902 et arrêté ministériel du 11 août 1903. 1 brochure in-8 de 24 pages .... **O fr. 50**

Bureaux de placement. — Loi du 14 mars 1904 relative au placement des ouvriers et employés des deux sexes et de toutes professions. 1 brochure in-8 .... **O fr. 50**

Caisses d'épargne. — Histoire et Législation, par Chevauchez, rédacteur au Sous-Secrétariat des Postes. In-8 broché.   **1 fr. 50**

Caisses de secours contre le chômage. — Décret du 9 septembre 1905, précédé d'un rapport du Ministre du Commerce et du Ministre des Finances. 1 brochure in-8 .... **O fr. 50**

Chemins de fer d'intérêt local et tramways. — Lois, Décrets, Règlements et Circulaires. 1 vol. in-8 de 220 pages... **2 fr. 50**

Conseils de Prud'hommes. — Loi du 27 mars 1907, complétée des textes et articles des codes mis en vigueur par la présente loi. 1 brochure in-8 de 32 pages .... **O fr. 50**

Contrat d'association. — Loi du 1er juillet 1901, modifiée par celles des 4 décembre 1902 et 17 juillet 1903, suivie des décrets des 16 août 1901, 28 novembre 1902, 14 février 1905, et circulaire ministérielle. 1 brochure in-8 de 46 pages .... **O fr. 50**

Distributions d'énergie électrique. — Loi du 15 juin 1906, suivie de celle du 25 juin 1895, brochure in-8 .... **O fr. 50**

Douanes. — Tableau des droits d'entrée et de sortie inscrit au Tarif des douanes. Tarif général et Tarif minimum, édition mise à jour. 1 vol. in-4 .... **4 fr. »**

Fraudes et Falsifications dans la vente des Marchandises, des Denrées alimentaires et des Produits agricoles. — Loi du 1er août 1905, décret du 31 juillet 1906 et 3 septembre 1907, arrêté du 1er août 1906. 1 brochure in-8 .... **O fr. 50**

Hygiène du Travail. — Lois des 12 juin 1893 et 11 juillet 1903 et décrets des 29 novembre 1904 et 6 août 1905, suivis des Décrets sur l'emploi de la céruse, couchage du personnel, ateliers de blanchissage. 1 brochure in-8 de 30 pages............ **O fr. 50**

Impôt sur le Revenu. — Projet de loi et Exposé des motifs présentés à la Chambre des députés le 7 février 1907. Petit vol. in-16 de 92 pages.. 1 fr. »

Justice de paix. — Lois des 12 et 13 juillet 1905. 1 brochure in-8. Prix.. 0 fr. 50

Législation électorale. — Lois et Décrets concernant les élections des conseillers municipaux, conseillers généraux, députés, sénateurs, suivis des lois constitutionnelles, petit volume in-8, broché.. 1 fr. 50

Liberté de Réunion. — Loi du 30 juin 1881, modifiée par celle du 28 mars 1907 et annotée des textes des 16-24 août 1790, 19-22 juillet 1791, 18 juillet 1837, 28 juillet 1848, 9 décembre 1905, art. 25-26. Décret du 16 mars 1906, art. 49. 1 brochure in-8...... 0 fr. 50

Organisation municipale. — Loi du 5 avril 1884, suivie des circulaires et instructions ministérielles relatives à son application. 1 vol. in-12.. 1 fr. 25

Patentes. — Législation et tarifs. Lois des 15 juillet 1880, 29 juin 1881, 30 juillet 1885, 17 juillet 1889, 8 août 1890, 28 avril 1893, 19 avril et 19 juillet 1905 (1906). 1 vol. in-8, broché........ 5 fr. »

Recrutement de l'armée. — Loi du 21 mars 1905, réduisant à deux ans la durée du service militaire. 1 brochure in-8 de 68 pages... 0 fr. 50

Repos hebdomadaire. — Loi du 13 juillet 1906 et Décrets d'administration publique, du 24 août 1906, 13 juillet 1907, 14 août 1907. 1 brochure in-8 .... 0 fr. 50

Séparation des Églises et de l'État. — Loi du 9 décembre 1905, complétée des lois antérieures visées par la présente, et loi du 2 janvier 1907 sur les cultes, brochure in-8............. 0 fr. 50

Séparation des Églises et de l'État. — Lois du 9 décembre 1905 et du 2 janvier 1907, décrets d'administration publique et circulaire annotée par Jean Gautier, docteur en droit, sous-bibliothécaire à la Faculté de Droit de Paris. 1 vol. in-8, broché. 1 fr. 50

Sociétés d'assurances sur la vie. — Loi du 17 mars 1905 et décrets des 30 janvier, 12 mai, 9, 22, 25 juin 1906, relatifs à la surveillance et au contrôle. 1 brochure in-8.............. 1 fr. »

Sociétés civiles et commerciales. — Loi du 24 juillet 1867, modifiée et complétée par celles des 1er août 1893 et 16 novembre 1903, suivie des lois des 29 juin 1872, 1er décembre 1875, et décrets des 9 décembre 1872 et 10 août 1896 sur le timbre des sociétés. 1 brochure in-8 de 36 pages................................ 0 fr. 50

Sociétés de secours mutuels. — Loi du 1er avril 1898, modifiée et complétée par celles des 31 mars 1903 et 2 juillet 1904, suivie du décret du 25 mars 1901. 1 brochure in-8.............. 0 fr. 50

Syndicats professionnels. — Loi du 21 mars 1884, circulaire ministérielle du 25 août 1884. 1 brochure in-8........ 0 fr. 50

AFFICHES ET IMPRIMÉS

PRESCRITS DANS LES

Ateliers, Usines, Établissements industriels

L'Union Typographique, imp. coop. ouvr., Villeneuve-St-Georges (S.-et-O.)